Omar BENCHAREF
Soulaimane KALOUN

COMO AS PME PODEM INOVAR E ACELERAR O SEU CRESCIMENTO

Omar BENCHAREF
Soulaimane KALOUN

COMO AS PME PODEM INOVAR E ACELERAR O SEU CRESCIMENTO

IA generativa e aprendizagem automática

ScienciaScripts

Imprint

Cover image: www.ingimage.com

This book is a translation from the original published under ISBN 978-620-6-72841-2.

Publisher:
Sciencia Scripts
is a trademark of
Dodo Books Indian Ocean Ltd. and OmniScriptum S.R.L publishing group

120 High Road, East Finchley, London, N2 9ED, United Kingdom
Str. Armeneasca 28/1, office 1, Chisinau MD-2012, Republic of Moldova, Europe
Printed at: see last page
ISBN: 978-620-8-35353-7

AGRADECIMENTOS

Gostaríamos de expressar a nossa profunda gratidão a todos aqueles que contribuíram, direta ou indiretamente, para a realização deste trabalho.

Em primeiro lugar, os nossos sinceros agradecimentos ao Reitor da Faculdade de Ciências e Tecnologia de Marraquexe (FSTM), pelo seu constante encorajamento, apoio e conselhos inestimáveis ao longo deste projeto. O seu empenho e visão foram uma fonte de inspiração para nós.

Gostaríamos também de agradecer a todos os nossos colegas da UCAM pela sua colaboração, disponibilidade e feedback construtivo, que muito enriqueceram este trabalho. O seu espírito de equipa e apoio foram essenciais em todas as etapas.

Os nossos agradecimentos vão também para os membros da nossa pequena e grande família, pelo seu amor, paciência e apoio incondicional. Têm sido a força motriz que nos mantém determinados e concentrados.

Por último, gostaríamos de agradecer calorosamente ao centro de investigação da Alidantec Inc. pelo seu apoio e recursos inestimáveis, que desempenharam um papel decisivo no sucesso deste projeto. O vosso apoio permitiu-nos realizar este trabalho nas melhores condições possíveis.

A todos vós, a nossa mais profunda gratidão.

INTRODUÇÃO

IA E PME: UM CASAMENTO DE RAZÕES

A inteligência artificial (IA) surgiu na cena empresarial com um potencial de transformação sem precedentes. Enquanto as grandes empresas estão a investir maciçamente nesta tecnologia para otimizar as suas operações, reduzir custos e inovar em grande escala, as pequenas e médias empresas (PME) podem, por vezes, sentir-se deixadas para trás. Enfrentam uma série de desafios, incluindo a falta de recursos, de pessoal qualificado e, por vezes, até de uma visão estratégica clara sobre a forma de integrar estas inovações. No entanto, os recentes avanços tecnológicos tornaram a IA acessível, adaptável e financeiramente viável, mesmo para as organizações mais pequenas. É aqui que entra este livro.
Este livro tem como objetivo desmistificar a IA e mostrar como pode ser utilizada de forma pragmática para satisfazer as necessidades específicas das PME. Longe de exigir investimentos colossais ou equipas especializadas, a IA atual, e mais especificamente a IA generativa (GAI), é uma ferramenta versátil e intuitiva. Pode ser implementada em quase todos os aspectos da empresa para otimizar recursos, melhorar a produtividade e impulsionar a inovação.

Porque é que as PME não podem continuar a ignorar a IA

As PME desempenham um papel essencial no tecido económico mundial. São a força motriz da criação de emprego, da inovação local e do crescimento económico. No entanto, muitas vezes têm de competir com empresas de maior dimensão que dispõem de recursos financeiros, técnicos e humanos muito superiores. É aqui que a IA surge como um fator de igualização. Ao adoptarem a IA, as PME podem automatizar tarefas repetitivas, analisar grandes volumes de dados em tempo recorde e tomar decisões estratégicas com base em análises preditivas, sem necessitarem de um exército de analistas ou programadores. Os benefícios não se ficam por aqui. Ao contrário de outras tecnologias que requerem um longo período de aprendizagem e adaptação, a IA generativa tornou-se incrivelmente fácil de utilizar. Graças às interfaces de fácil utilização, às plataformas online acessíveis e à rápida integração com as ferramentas empresariais existentes, até os utilizadores menos técnicos podem beneficiar. Além disso, a IA evolui com a empresa, aprendendo com as interações passadas e adaptando-se às necessidades futuras.
Uma revolução silenciosa: Como a IA está a mudar o panorama das PME Para além dos

ganhos de eficiência, a IA está a redefinir os próprios limites do que é possível para uma PME. Atualmente, uma pequena empresa de serviços pode utilizar a IA para competir com gigantes, oferecendo experiências ultra-personalizadas aos clientes. Um retalhista pode otimizar as suas existências e prever as vendas com uma precisão que até os grandes operadores têm por vezes dificuldade em atingir. Uma empresa transformadora pode automatizar a gestão da sua cadeia de abastecimento e reduzir os custos de produção com apenas alguns cliques.

Tomemos o exemplo de uma empresa de consultoria de recursos humanos. Graças à IA, esta pode analisar milhares de perfis de candidatos, sugerir as melhores combinações de competências para uma determinada equipa e prever as taxas de retenção de talentos. O que teria levado semanas de análise manual pode agora ser efectuado em apenas alguns minutos, com uma precisão e exatidão inigualáveis.

maior objetividade. Neste contexto, é evidente que a IA já não é apenas uma vantagem competitiva, mas uma necessidade estratégica. As PME que optam por ignorá-la correm o risco de se verem rapidamente ultrapassadas, não só pelos seus concorrentes, mas também pelas expectativas crescentes dos seus clientes e funcionários.

IA generativa: uma ferramenta para uma transformação rápida

Entre as várias aplicações da IA, a IA generativa destaca-se pela sua capacidade de produzir conteúdos de alta qualidade a partir de simples instruções de texto. Pode criar textos, imagens, vídeos e até protótipos de produtos. Esta tecnologia, que por vezes parece próxima da ficção científica, é já uma realidade em muitas empresas.

Mas o que é exatamente a IA generativa?

Trata-se de um ramo da inteligência artificial que utiliza modelos de aprendizagem profunda para gerar novos conteúdos, com base em modelos existentes. Por exemplo, pode escrever artigos, produzir desenhos gráficos, gerar guiões de vídeo ou criar composições musicais. Não se trata apenas de criar: a IA generativa também pode ajudar a formular estratégias, estruturar projectos ou mesmo automatizar o serviço de apoio ao cliente.

O próprio livro beneficiou da ajuda da IA generativa para estruturar o seu conteúdo, enriquecer os seus exemplos e aperfeiçoar as suas explicações. Este processo não só acelerou o processo de redação, como também assegurou uma maior coerência e precisão. A IA tornou-se assim um colaborador por direito próprio, um coautor silencioso que ajudou a tornar este livro num guia mais rico e mais relevante.

Os objectivos deste livro Este livro destina-se a gestores de PME, empresários, gestores operacionais e a todos os que pretendam compreender como a IA pode ser integrada numa empresa para otimizar o desempenho. Quer seja novo no assunto ou já esteja familiarizado com os conceitos de inteligência artificial, este livro fornecer-lhe-á :

• Uma visão geral da IA e das tecnologias de IA generativa: compreender os conceitos fundamentais, as suas aplicações concretas e os benefícios que podem trazer a uma PME.

• Exemplos práticos: estudos de caso pormenorizados sobre a utilização da IA em vários departamentos, incluindo inovação, marketing, finanças e operações.

• Um guia de integração: como avaliar as necessidades da sua empresa, selecionar as soluções de IA adequadas e integrá-las gradualmente nas suas operações diárias.

• Uma visão geral das tendências futuras: Quais são os próximos desenvolvimentos no domínio da IA e como é que as PME se podem preparar para eles agora?

Porque é que este livro é diferente

Ao contrário de outros livros que abordam a IA de um ponto de vista puramente teórico ou técnico, este livro foi concebido com uma abordagem pragmática. Cada conceito é acompanhado por aplicações e soluções concretas que podem ser adaptadas às realidades das PME. A ênfase está na ação: no final de cada capítulo, encontrará recomendações claras e estratégias prontas a implementar que pode adaptar ao seu negócio. Em suma, este livro é um roteiro abrangente que o guiará passo a passo através da descoberta e adoção da IA, para transformar a sua PME numa empresa mais ágil, inovadora e bem-sucedida. Prepare-se para explorar o fascinante mundo da IA e descubra como esta pode revolucionar a forma como trabalha e gere a sua empresa. Bem-vindo a uma nova era em que as PME e a IA se unem para criar um futuro promissor em conjunto.

CAPÍTULO 1

COMPREENDER A IA E A IA GENERATIVA

A inteligência artificial (IA) é um conceito que pode parecer complexo e intimidante para muitas pessoas, sobretudo para as que não têm formação tecnológica. No entanto, está cada vez mais presente na nossa vida quotidiana, muitas vezes sem nos apercebermos. Quer seja através de recomendações de filmes no Netflix, sugestões de compras na Amazon ou respostas automáticas nos nossos e-mails, a IA está a entrar na nossa vida profissional e pessoal [1].

Mas o que significa realmente a inteligência artificial? E porque é que é tão importante para as pequenas e médias empresas (PME)? É isso que vamos descobrir neste capítulo.

1.1 O que é a Inteligência Artificial?

A IA refere-se a todas as técnicas que permitem a uma máquina imitar certas capacidades humanas, como a aprendizagem, o raciocínio, a perceção e até a criatividade [2]. Ao contrário dos programas informáticos tradicionais que seguem instruções precisas, a IA é concebida para aprender e adaptar-se através da análise de dados.

Por outras palavras, a IA é capaz de :

- Analisar rapidamente grandes quantidades de dados.
- Aprender com os dados que processa.
- Tomar decisões com base no que aprendeu.

Por exemplo, a IA pode aprender a identificar tendências nas vendas de uma empresa ou prever quais os produtos que terão maior procura com base em dados anteriores [3].

1.2 Porque é que a IA é importante para as PME?

A IA é frequentemente associada a grandes empresas tecnológicas, mas tem muitas vantagens para as PME, incluindo o aumento da produtividade, a melhoria da tomada de decisões e a otimização das operações [4]. Eis algumas razões pelas quais as PME devem considerar a adoção da IA:

1. Otimização dos recursos: A IA permite a automatização de tarefas repetitivas, libertando o tempo dos funcionários para que se possam concentrar em tarefas de maior valor

acrescentado.

2. Melhoria da experiência do cliente: Os chatbots e os agentes virtuais são capazes de responder a perguntas frequentes dos clientes, tratar reclamações e oferecer apoio permanente, mesmo fora do horário normal de trabalho [5].

3. Redução de custos: A automatização de processos reduz os erros humanos e os custos operacionais, aumentando simultaneamente a produtividade.

4. Acesso a informações estratégicas: através da análise de dados, a IA pode fornecer informações valiosas sobre o comportamento dos clientes, as tendências do mercado e o desempenho dos produtos ou serviços [6].

Por exemplo, uma empresa especializada em comércio eletrónico pode utilizar a IA para personalizar as recomendações de compras para cada cliente com base no seu histórico de compras e preferências. Isto pode levar a um aumento significativo das vendas [7].

1.3 IA generativa: uma nova dimensão

A IA generativa é um subconjunto da inteligência artificial que se centra na criação de conteúdos originais. Ao contrário de outros tipos de IA que analisam dados ou tomam decisões com base em modelos existentes, a IA generativa pode criar novas informações, como texto, imagens ou mesmo vídeos, com base no que aprendeu.

Como é que funciona? A IA generativa utiliza algoritmos de aprendizagem profunda, como as redes neuronais, para compreender conjuntos de dados e gerar novos resultados semelhantes, mas não idênticos, aos exemplos que estudou [8]. Por exemplo, uma IA generativa como a GPT-3 é capaz de escrever um artigo inteiro sobre um determinado tema, analisando milhões de textos para extrair estruturas e ideias [9].

1.4 APLICAÇÕES DA IA GENERATIVA PARA AS PME

A IA generativa pode ser um trunfo importante para as PME, permitindo-lhes produzir conteúdos de qualidade automaticamente e em tempo recorde. Eis algumas aplicações concretas:

- Escrita automatizada de conteúdos: Quer se trate de escrever publicações em blogues, descrições de produtos ou boletins informativos, a IA generativa pode escrever conteúdos que reflictam o estilo e o tom da empresa [10].
- Criação de imagens ou gráficos: A IA pode gerar imagens por medida para campanhas de marketing ou publicações nas redes sociais.
- Prototipagem de produtos: As empresas podem utilizar a IA generativa para conceber

protótipos digitais de novos produtos antes de passarem ao fabrico efetivo [11].

Estas tecnologias, anteriormente reservadas às grandes empresas, estão agora acessíveis graças à democratização das soluções de IA no mercado. Isto significa que mesmo as PME com orçamentos limitados podem experimentar e tirar partido da IA para impulsionar o seu crescimento.

CAPÍTULO 2

DOMINAR A ENGENHARIA RÁPIDA COM O CHATGPT

A engenharia de prontidão é a arte de formular instruções claras e eficazes para interagir com um modelo de inteligência artificial como o ChatGPT. Esta competência é crucial para tirar o máximo partido da IA generativa. Quanto mais precisa for a redação dos prompts, mais relevantes e alinhadas serão as respostas da IA às suas necessidades. Este capítulo explora como projetar prompts ideais, criar agentes personalizados e usar o ChatGPT para automatizar uma variedade de tarefas comerciais. Também veremos exemplos concretos de uso, práticas recomendadas e erros comuns a serem evitados para cada aplicativo. No final deste capítulo, será capaz de escrever prompts eficazes para diferentes situações, automatizar a geração de relatórios, analisar ficheiros, criar tabelas e até personalizar o seu próprio agente de conversação.

2.1 INTRODUÇÃO À ENGENHARIA DE ARRANQUE

A engenharia de prompts consiste em dar instruções explícitas a um modelo de IA para orientar as suas respostas. Não se trata apenas de fazer uma pergunta, mas de orientar a IA com um contexto claro, restrições específicas e um objetivo bem definido. Por exemplo:

- Um mau aviso: Escrever uma mensagem de correio eletrónico para um cliente.
- Uma boa sugestão: Escrever um e-mail profissional a um cliente insatisfeito com o atraso na entrega, oferecendo um desconto na encomenda seguinte.

O segundo pedido fornece mais contexto, permitindo que a IA gere uma resposta mais relevante. Melhores práticas: Seja preciso e claro. Quanto mais pormenorizada for a pergunta, melhor será a resposta. Má prática: Evitar instruções vagas ou ambíguas, uma vez que tal pode conduzir a respostas irrelevantes ou imprecisas.

2.2 EXEMPLOS DE AVISOS PARA CASOS DE UTILIZAÇÃO CONCRETOS

2.2.1 Gerar conteúdos de marketing

Exemplo 1: Escrever uma publicação no blogue sobre as tendências da IA em 2024.

• Sugestão: Escreva um artigo de 500 palavras sobre as tendências da inteligência artificial em 2024. O artigo deve incluir subtítulos claros, estatísticas recentes e concluir com uma perspetiva sobre o futuro da IA.

• Resultado esperado: A IA escreverá um artigo estruturado com informações relevantes e dados actualizados.

• O que não se deve fazer: Escrever um artigo sobre IA. (Demasiado geral e o resultado corre o risco de ser vago e pouco informativo).

Exemplo 2: Redigir uma descrição de produto para um sítio de comércio eletrónico.

• Sugestão: Escreva uma descrição pormenorizada de um novo smartphone. Inclua especificações técnicas, vantagens para o utilizador e uma breve frase promocional no final.

• O que não fazer: Descrever este telemóvel. (Demasiado vago e o resultado será provavelmente insuficiente).

Melhores práticas: Adicionar restrições (comprimento do texto, tom, tipo de informação) para orientar a IA.

2.2.2 Análise e resumo de ficheiros

A IA pode ser utilizada para analisar e resumir ficheiros como relatórios financeiros, artigos científicos ou documentos jurídicos.

Exemplo 1: Análise de um relatório financeiro.

• Sugestão de utilização: Analise este ficheiro PDF e resuma os três principais pontos fortes e os três pontos fracos da empresa. Refira também a evolução global das receitas em relação ao ano anterior.

• O que não fazer: Resumir este documento. (Sem pormenores suficientes, a resposta pode carecer de profundidade).

Exemplo 2: Criar tabelas a partir de dados CSV.

• Rápido de utilizar: Gera uma tabela de resumo das vendas mensais a partir deste ficheiro CSV. Organiza as colunas por mês e apresenta os totais de cada produto no final da tabela.

• O que não se deve fazer: Criar uma tabela (sem contexto, a tabela gerada pode não corresponder às expectativas).

Melhores práticas: Indique o formato de saída pretendido (tabela, lista, texto estruturado) e os pormenores que pretende que apareçam.

2.3 CRIAR UM AGENTE DE CONVERSAÇÃO COM O CHATGPT

Um agente de conversação personalizado pode ajudar a automatizar certas interações com clientes, empregados ou parceiros. Para criar um agente de alto desempenho, é essencial definir as suas funções, regras de resposta e tom.

Exemplo de criação de agentes: Serviço de apoio ao cliente para uma empresa de vendas em linha.

1. Definir o papel do agente: É um agente de serviço ao cliente de uma loja de roupa em linha. O seu trabalho consiste em responder a perguntas sobre encomendas, fornecer informações sobre devoluções e ajudar os clientes a localizar as suas encomendas.
2. Estabelecer cenários comuns: O que devo fazer se a minha encomenda estiver atrasada? Como é que devolvo um produto? Quais são os custos de entrega?
3. Criar respostas do modelo: Para cada cenário, escreva respostas modelo que o agente possa adaptar de acordo com o contexto. Exemplo:
   - Se um cliente perguntar como seguir a sua encomenda: "Olá, para seguir a sua encomenda, clique nesta ligação e introduza o número da encomenda. Se tiver mais alguma dúvida, estou aqui para o ajudar!"
4. Definir os limites do agente: Não responde a perguntas sobre a política de confidencialidade da empresa. Para estes pedidos, transfira a conversa para um humano.

O que não fazer: Não especificar os limites do agente, o que pode levá-lo a fornecer informações incorrectas ou inadequadas.

2.4 BOAS PRÁTICAS E ARMADILHAS A EVITAR

1. Seja específico nas suas instruções. As instruções vagas ou mal formuladas podem produzir respostas irrelevantes.

- O que fazer: Explicar exatamente o que espera, fornecendo o contexto necessário.
- O que não fazer: Pedir respostas sem especificar a extensão, o tom ou o formato pretendidos.

2. Utilize exemplos concretos. Mostrar à IA o que espera pode melhorar muito a qualidade das respostas.

- O que fazer: Apresentar um modelo ou exemplo para orientar a IA (por exemplo, fornecer um exemplo de parágrafo se pretender uma resposta no mesmo estilo).

- O que não fazer: Deixar a IA adivinhar o estilo ou o formato.

3. Divida as tarefas complexas em passos mais simples. Se a sua tarefa for complexa, divida-a em vários pedidos mais simples.

- O que fazer: Em primeiro lugar, pedir uma análise dos dados e, em seguida, pedir um resumo dessa análise.
- O que não se deve fazer: Tentar obter tudo num único pedido.

2.5 GERAR TABELAS E VISUALIZAÇÕES DES COM CHATGPT

A IA também pode gerar tabelas e visualizações básicas a partir de dados estruturados.

Exemplo: Gerar uma tabela de vendas.

- Sugestão de utilização: Cria uma tabela de resumo das vendas mensais dos produtos A, B e C. As colunas devem incluir o mês, o produto, as vendas unitárias e a receita total. No final, adiciona uma linha de total para cada produto.

Resultado esperado:

Mês	Produto	Vendas (unidades)	Rendimento total
janeiro	A	100	2000 €
janeiro	B	50	1250 €
fevereiro	A	80	1600 €
fevereiro	C	40	800 €
Total		270	5650 €

O que não fazer: Pedir uma tabela sem especificar as colunas, o que pode levar a um resultado desorganizado.

2.6 ANALISAR FICHEIROS E GERAR RELATÓRIOS

O ChatGPT também pode analisar ficheiros, quer sejam CSV, PDF ou documentos de texto simples, para gerar relatórios e resumos.

Exemplo: Resumir um relatório em PDF sobre o desempenho trimestral.

• Sugestão: Leia este ficheiro PDF e escreva um resumo de uma página sobre o desempenho trimestral da empresa. Concentre-se nos números-chave (crescimento, lucro, etc.) e mencione os desafios encontrados.

O que não fazer: Leia este ficheiro e diga-me o que pensa. (Demasiado geral e a resposta pode não abranger os pontos importantes).

Melhores práticas: Especifique as secções ou informações específicas que pretende ver no resumo.

2.7 CONCLUSÃO: EXPLORAR TODO O POTENCIALPOTENCIAL DA ENGENHARIA RÁPIDA

A engenharia imediata é uma competência essencial para interagir eficazmente com a IA. Ao dominar esta arte, será capaz de otimizar as suas interações com modelos como o ChatGPT, automatizar a criação de conteúdos, gerar relatórios e criar agentes de conversação de alto desempenho. Lembre-se que a clareza, a precisão e a experimentação são as chaves para conceber prompts de sucesso. Ao aplicar boas práticas e evitar erros comuns, poderá aproveitar todo o potencial da IA generativa para satisfazer as suas necessidades comerciais.

CAPÍTULO 3

TRANSFORMAR O MARKETING COM A IA

A inteligência artificial está a revolucionar o marketing, abrindo novas possibilidades para as empresas analisarem dados, personalizarem as experiências dos clientes e melhorarem as suas campanhas. Este capítulo irá guiá-lo passo a passo sobre como utilizar a IA no seu marketing, com exemplos concretos e estudos de caso baseados em ficheiros de dados que pode manipular diretamente. Abordaremos cenários práticos de utilização, como a análise da segmentação de clientes, a personalização de campanhas de marketing, a geração automática de relatórios e painéis de controlo e a avaliação do desempenho das campanhas.

3.1 IA para o marketing: uma transformação radical

A IA está a ser cada vez mais utilizada para transformar os processos de marketing, principalmente graças à sua capacidade de..:

- Analisar rapidamente grandes volumes de dados.
- Automatize tarefas repetitivas, como a criação de conteúdos, a análise do comportamento dos clientes ou a criação de relatórios.
- Prever tendências e adaptar as recomendações às necessidades e preferências de cada cliente.

As PME, que nem sempre dispõem de recursos internos dedicados ao marketing, podem beneficiar destas tecnologias para competir com as grandes empresas. A IA permite às pequenas organizações tirar partido de análises avançadas e otimizar a sua estratégia de marketing sem um grande investimento em pessoal ou tecnologia.

3.2 Utilizar a IA para a segmentação de clientes

Objetivo: Compreender como utilizar a IA para segmentar os clientes de acordo com o seu comportamento de compra, demografia e preferências, com base em dados reais.

ESTUDO DE CASO: SEGMENTAÇÃO DE CLIENTES POR PONTUAÇÃO DE RENDIMENTOS E DESPESAS

1. Descarregar o ficheiro: customers_data.csv.

2. Descrição do ficheiro :

o Customer_ID: Identificador único do cliente.

o Idade: Idade do cliente.

o Sexo: O género do cliente.

o Rendimento_anual: Rendimento anual do cliente em euros.

o Spending_Score: Pontuação de gastos do cliente (avaliação subjectiva de 1 a 100 com base nos hábitos de compra).

3. Objetivo: Segmentar os clientes em três grupos:

o Rendimento baixo: Menos de 40 000 euros.

o Rendimento médio : Entre 40 000 e 60 000 euros.

o Rendimento elevado: Mais de 60 000 euros.

Análise imediata :

arduino Copiar código

Leia o ficheiro "customers_data.csv" e divida os clientes em três segmentos com base no rendimento anual: "Rendimento baixo", "Rendimento médio" e "Rendimento elevado". Calcule a pontuação média de despesas para cada segmento e gere uma tabela de resumo que mostre o número de clientes por segmento, o rendimento anual médio e a pontuação média de despesas.

Resultado esperado:

Segmento	Número de Clientes	Rendimento anual Médio	Pontuação de despesas Médio
Rendimento baixo	3	36 000 €	65
Rendimento médio	4	50 000 €	72
Rendimento elevado	3	67 000 €	80

4. Interpretar os resultados: Identifique o segmento que tem a pontuação de despesas mais alta. Você pode direcionar seus esforços de marketing para esse grupo ou identificar

estratégias para aumentar a pontuação de despesas dos segmentos com uma pontuação mais baixa.

O que é necessário fazer: Especificar o tipo de segmentação e os indicadores a utilizar (neste caso, a pontuação dos rendimentos e das despesas).

O que não fazer: Pedir uma segmentação simples sem fornecer critérios específicos, o que pode levar a resultados inconsistentes.

3.3 Personalização automatizada de campanhas de marketing

Objetivo: Criar campanhas de marketing personalizadas com base e m segmentos de clientes previamente identificados.

CASO PRÁTICO: PERSONALIZAÇÃO DAS OFERTAS DE MARKETING PARA CADA SEGMENTO

1. Objetivo: Gerar ofertas de marketing específicas para cada segmento de clientes.
2. Exemplo de um prompt :

Criar três mensagens electrónicas promocionais personalizadas para cada segmento de clientes acima identificado ("Rendimento baixo", "Rendimento médio", "Rendimento alto"). Cada correio eletrónico deve incluir uma oferta específica correspondente ao orçamento e aos hábitos de consumo do segmento e deve conter um convite para beneficiar de uma promoção limitada no tempo.

Resultado esperado:

- E-mail para o segmento "Baixo Rendimento": Oferta especial de produtos a preços acessíveis com um cupão de desconto de 10% em encomendas futuras.
- Correio eletrónico para o segmento "Rendimento médio": Promoção de produtos populares com entrega gratuita na encomenda seguinte.
- E-mail para o segmento "Alto Rendimento": Acesso exclusivo a novos produtos com um desconto de 15% para compras superiores a 500 euros.

3. Interpretação: Utilize estas mensagens de correio eletrónico para lançar campanhas de marketing automatizadas em plataformas como o MailChimp ou o HubSpot, ao mesmo tempo que mede a resposta de cada segmento para aperfeiçoar campanhas futuras.

O que precisa de fazer: Adaptar o tom e o conteúdo de cada mensagem eletrónica ao segmento-alvo para maximizar o envolvimento.

O que não fazer: Enviar o mesmo conteúdo a todos os segmentos, o que reduzirá a eficácia da campanha.

3.4 Análise do desempenho de marketing com IA

A IA pode ser utilizada para gerar painéis de controlo analíticos e monitorizar o desempenho da campanha em tempo real.

CASO PRÁTICA: GERAR UM QUADRO DE CONTROLO DO DESEMPENHO DA CAMPANHA

1. Descarregue o ficheiro: campaign_data.csv.
2. Descrição do ficheiro :
   - Campaign_ID: Identificador único da campanha.
   - Campaign_Name: Nome da campanha.
   - Data_início: Data de início da campanha.
   - Data_Fim: Data de fim da campanha.
   - Total_Sales: Total de vendas geradas pela campanha.
   - ROI (%): Retorno do investimento em percentagem.
3. Objetivo: Criar uma tabela de resumo do desempenho da campanha, calculando o total de vendas gerado por todas as campanhas, o ROI médio e a campanha com melhor desempenho.

Análise imediata :
Analisa o ficheiro "campaign_data.csv" e cria uma tabela de resumo que mostra o total de vendas de todas as campanhas, o ROI médio e identifica qual a campanha que obteve o melhor retorno do investimento. Também fornece sugestões para melhorar o desempenho de futuras campanhas.

Resultado esperado:

- Vendas totais: 109 000 euros

- ROI médio: 158

- Campanha com melhor desempenho: Liquidação de fim de ano com um ROI de 210%.

4. Sugestões da IA: Lançar campanhas semelhantes à "Liquidação de fim de ano" com uma oferta mais atractiva para clientes altamente empenhados.

O que é necessário fazer: Especificar os indicadores-chave de desempenho (vendas, ROI) que pretende analisar.

O que não fazer: Pedir uma análise simples sem indicar os KPI, o que pode dar uma visão incompleta do desempenho.

3.5 Geração automatizada de relatórios de marketing

A IA pode gerar automaticamente relatórios de marketing para apresentar os resultados de campanhas e iniciativas.

CASO PRÁTICA N: CRIAÇÃO DE UM RELATÓRIO RELATÓRIO TRIMESTRAL

1. Objetivo: Gerar um relatório trimestral que resume o desempenho das campanhas de marketing.
2. Exemplo de um prompt :

Elabore um relatório trimestral com base nos dados do ficheiro "campaign_data.csv". O relatório deve incluir uma introdução, uma secção sobre o desempenho da campanha com gráficos de tendências e uma conclusão com recomendações para o trimestre seguinte. Resultado esperado: Um relatório claramente estruturado, incluindo informações essenciais sobre o desempenho da campanha e sugestões para estratégias futuras. O que é preciso fazer: Fornecer instruções claras sobre a estrutura e o conteúdo do relatório. O que não se deve fazer: Pedir um relatório sem especificar as informações a incluir, o que pode resultar num documento incompleto.

3.6 Conclusão: IA, um ativo indispensável para o marketing das PME

A IA é muito mais do que uma ferramenta para as grandes empresas. Ao aprender a utilizá-la, até as PME podem transformar as suas estratégias de marketing, segmentar a sua base de clientes de forma mais precisa, personalizar as suas campanhas e analisar o desempenho com uma precisão inigualável. Ao combinar a automatização e a análise avançada, a IA permite que as PME tomem decisões informadas, visem melhor os seus clientes e optimizem os seus recursos para obter o máximo de resultados com o mínimo de esforço. Estes estudos de caso mostram que a IA é acessível a empresas de todas as dimensões e pode ser implementada sem a necessidade de competências técnicas avançadas. Utilizando os ficheiros de dados e os prompts fornecidos, pode experimentar diretamente a IA e descobrir por si próprio como esta pode transformar as suas operações de marketing. Pode explorar mais, ajustando os prompts às suas necessidades específicas e integrando os seus próprios dados para tirar o máximo partido da IA na sua empresa.

CAPÍTULO 4

REVOLUCIONAR O FINANCIAMENTO DAS EMPRESAS COM A IA

Objetivo do capítulo: Este capítulo centra-se na utilização da inteligência artificial para automatizar, analisar e otimizar os processos financeiros nas PME. Discutiremos aplicações práticas, como a previsão financeira, a análise de desempenho, a automatização de tarefas contabilísticas e a gestão do fluxo de caixa. O capítulo termina com estudos de casos práticos com ficheiros de exemplo descarregáveis para praticar.

4.1 Porque é que a IA é crucial para o financiamento das PME?

A gestão financeira é uma área em que todos os pormenores contam. Os erros humanos podem levar a perdas financeiras consideráveis, e a otimização dos recursos é crucial para a sobrevivência e o crescimento das PME. A IA oferece soluções inovadoras para ultrapassar estes desafios, permitindo:

- Análise preditiva: prever o fluxo de caixa, as vendas e as tendências de custos com um elevado grau de precisão.
- Automatização de tarefas: Reduza os erros automatizando tarefas contabilísticas como a faturação, a reconciliação bancária e os relatórios financeiros.
- Tomada de decisões com base em dados: Ajudar os executivos a tomar decisões informadas, fornecendo análises exaustivas e em tempo real.

4.2 Aplicações de IA no sector financeiro

A IA pode ser aplicada a vários aspectos das finanças das empresas:

1. Previsão de fluxo de caixa
   - Utilizar modelos preditivos para antecipar as flutuações do fluxo de caixa.
   - Antecipar períodos de escassez de tesouraria e propor estratégias de atenuação.
2. Otimização dos custos
   - Analisar as despesas da empresa para identificar os domínios em que os custos podem ser reduzidos.
   - Detetar ineficiências nos processos internos.
3. Automatização de tarefas contabilísticas

- Automatize a entrada de facturas, a reconciliação de contas e a geração de relatórios.
- Reduzir o tempo necessário para tarefas administrativas repetitivas.

4. Avaliação do desempenho financeiro

- Criar painéis de controlo dinâmicos para avaliar o desempenho dos diferentes departamentos.
- Monitorizar os indicadores-chave de desempenho (KPI) em tempo real.

4.3 Previsão financeira com IA

ESTUDO DE CASO: PREVISÃO DE FLUXOS DE CAIXA

1. Descarregar o ficheiro: sales_data.csv.

2. Descrição do ficheiro :

- Mês: Mês do ano.
- Produto_A_Vendas, Produto_B_Vendas, Produto_C_Vendas: Vendas mensais de cada produto.
- Receitas: Total de vendas por mês.

3. Objetivo: Utilizar este ficheiro para prever as receitas para os próximos três meses.

Análise imediata :

Leia o ficheiro "sales_data.csv" e preveja as receitas dos próximos três meses para a empresa. Utilize as tendências mensais anteriores para estimar o crescimento ou declínio das receitas. Também fornece uma estimativa da receita total por mês para cada produto.

Resultado esperado: Uma tabela de receitas preditiva com estimativas para cada produto:

Mês	Produto_A_Vendas	Produto_B_Vendas	Produto_C_Vendas	Rendimento total
janeiro	210	180	160	5500 €
fevereiro	215	185	165	5650 €
março	220	190	170	5800 €

4. Interpretar os resultados: Utilizar estas previsões para ajustar os seus orçamentos e planear as despesas futuras.

O que precisa de ser feito: Fornecer informações sobre tendências históricas para ajudar a IA a criar um modelo de previsão exato. O que não fazer: A não inclusão de contexto ou histórico suficientes pode limitar a exatidão das previsões.

4.4 Automatização de tarefas contabilísticas

ESTUDO DE CASO: AUTOMATIZAÇÃO DA GERAÇÃO DE FACTURAS

1. Objetivo: Gerar automaticamente facturas com base em dados de vendas mensais.
2. Exemplo de um prompt :

A partir do ficheiro "sales_data.csv", gere facturas mensais para os produtos A, B e C. Cada fatura deve incluir o mês, o produto, a quantidade vendida, o preço unitário e o montante total.

Resultado esperado: Facturas detalhadas para cada produto, com as seguintes informações:

Fatura ID	Mês	Produto	Quantidade Vendido	Preços Unitário	Montante Total
F001	janeiro	A	100	20 €	2000 €
F002	janeiro	B	90	15 €	1350 €
F003	fevereiro	A	120	20 €	2400 €
F004	fevereiro	B	95	15 €	1425 €

3. Interpretação: Utilize estas facturas para automatizar a gestão de contas a receber e os pagamentos.

O que é necessário fazer: Especificar o formato da fatura e as informações a incluir.
O que não se deve fazer: A não definição do formato pode resultar em facturas incompletas ou incorrectas.

4.5 Avaliação do desempenho financeiro com painéis de controlo dinâmicos

CASO PRÁTICO: GERAR UM QUADRO DE DESEMPENHO DO PAINEL DE AVALIAÇÃO DO DESEMPENHO

1. Descarregue o ficheiro: campaign_data.csv.

2. Descrição do ficheiro :

o Campaign_ID: Identificador da campanha.

o Total_Sales: Vendas geradas pela campanha.

o ROI (%): Retorno do investimento para a campanha.

3. Objetivo: Criar um painel de controlo para monitorizar o desempenho financeiro de cada campanha.

Exemplo de um prompt :

Lê o ficheiro 'campaign_data.csv' e gera um painel de controlo que mostra o total de vendas por campanha, o ROI médio e uma comparação do desempenho da campanha. Apresenta tudo em forma de tabela com indicadores coloridos (verde para as campanhas com um ROI superior a 150% e vermelho para as que são inferiores a 100%).

Resultado esperado:

ID da campanha	Campanha	Total Vendas	REI (%)	Indicador de Desempenho
101	Venda de primavera	15 000 €	120%	
102	verão Promoção	22 000 €	150%	
103	Regresso às aulas	18 000 €	130%	
104	Ofertas de férias	24 000 €	180%	
105	Final do ano Desembaraço	30 000 €	210%	

4. Interpretação: Identificar as campanhas com melhor desempenho e afetar mais orçamento a futuras campanhas semelhantes.

O que é preciso fazer: Utilizar indicadores visuais para o ajudar a avaliar o desempenho. O que não se deve fazer: Criar um quadro sem indicadores visuais, o que tornaria a leitura e a análise mais complexas.

4.6 Automatização das previsões de vendas

A automatização das previsões de vendas é essencial para as PME que pretendem gerir os seus stocks, planear a produção e alinhar os seus objectivos de receitas.

ESTUDO DE CASO: AUTOMATIZAÇÃO DAS PREVISÕES DE VENDAS

1. Objetivo: Automatizar a previsão de vendas dos produtos A, B e C.

2. Exemplo de um prompt :

Utiliza dados do ficheiro 'sales_data.csv' para criar um modelo preditivo que estima as vendas dos produtos A, B e C para o trimestre seguinte. Também fornece um gráfico que mostra as tendências de vendas nos últimos seis meses e as previsões.

Resultado esperado: Um gráfico que mostra as tendências de vendas, com previsões para os próximos meses.MW O que precisa de fazer: Incluir um historial de vendas para criar um modelo de previsão sólido. O que não deve fazer: A não apresentação de dados históricos suficientes limita a exatidão das previsões.

4.7 Conclusão: Tirar partido da IA para uma gestão financeira optimizada

A IA é uma ferramenta poderosa para melhorar a gestão financeira das PME. Ao automatizar tarefas repetitivas, analisar com precisão o desempenho e prever fluxos de caixa, a IA permite que os gestores financeiros tomem decisões estratégicas e se concentrem em actividades de maior valor acrescentado. Ao aplicar os estudos de caso deste capítulo, poderá revolucionar as suas operações financeiras e maximizar a rentabilidade da sua empresa.

CAPÍTULO 5

AUTOMATIZAÇÃO DE TAREFAS EMPRESARIAIS COM A IA

Objetivo do capítulo: Este capítulo explora a forma como as PME podem tirar partido da inteligência artificial para automatizar as suas tarefas administrativas, de gestão e operacionais quotidianas. Discutiremos cenários práticos para a utilização da automatização, incluindo gestão de correio eletrónico, relatórios automatizados, processamento de pedidos de clientes e automatização de processos robóticos (RPA). No final do capítulo, encontrará ficheiros de exemplo e prompts que pode utilizar para testar a automatização de determinadas tarefas.

5.1 Porquê automatizar tarefas empresariais?

A automatização permite às empresas reduzir os erros humanos, acelerar os processos repetitivos e libertar o tempo dos funcionários para se concentrarem em actividades mais estratégicas. Para as PME, a automatização é um trunfo importante, poupando tempo e recursos e melhorando a qualidade e a consistência dos resultados.

Vantagens da automatização :

- Redução de erros: Menos erros humanos graças à automatização de tarefas repetitivas.
- Poupança de tempo: A automatização de tarefas demora geralmente muito menos tempo do que a sua execução manual.
- Aumento da produtividade: Os funcionários podem concentrar-se em tarefas de maior valor acrescentado.
- Melhoria da qualidade: Os processos automatizados são uniformes, garantindo a consistência.

5.2 Automatização do correio eletrónico e da comunicação

CASO PRÁTICO: RESPOSTA AUTOMÁTICA A MENSAGENS DE CORREIO ELECTRÓNICO

1. Objetivo: Automatizar as respostas a mensagens de correio eletrónico de rotina (pedidos de orçamentos, acompanhamento de encomendas, etc.).
2. Descarregue o ficheiro de exemplo: email_templates.csv (Ficheiro que contém modelos de resposta de correio eletrónico para diferentes cenários).

3. Descrição do ficheiro :

- o Cenário: Tipo de pedido recebido por correio eletrónico (por exemplo, pedido de orçamento, seguimento de encomenda, pergunta sobre um produto).
- o Template_Response: Resposta padrão a ser enviada.

Exemplo de um prompt :

Utiliza o ficheiro "email_templates.csv" e gera automaticamente respostas para cada tipo de pedido listado. Envia uma resposta de acordo com o cenário correspondente, por exemplo, para um pedido de orçamento, utiliza o modelo de resposta adequado.

Resultado esperado: U m conjunto de mensagens electrónicas geradas automaticamente para cada tipo de pedido, prontas a serem enviadas, por exemplo :

- Pedido de orçamento: Olá, obrigado pelo seu interesse. Em anexo, encontra-se o nosso orçamento personalizado. Por favor, não hesite em contactar-nos se tiver mais alguma questão.
- Seguimento da encomenda: Olá, a sua encomenda foi enviada e está a caminho. Pode seguir a sua encomenda clicando nesta ligação: [link de rastreamento]. Obrigado pela sua confiança.

O que é necessário fazer: Preparar modelos de resposta para cenários comuns para garantir respostas rápidas e consistentes. O que não deve fazer: Responder manualmente a cada correio eletrónico quando pode ser utilizado um modelo para automatizar as respostas.

5.3 Criação automatizada de relatórios

ESTUDO DE CASO: GERAÇÃO AUTOMÁTICA DE RELATÓRIOS SEMANAIS

1. Objetivo: Elaborar relatórios semanais sobre o desempenho da empresa.
2. Descarregar o ficheiro: weekly_performance.csv.
3. Descrição do ficheiro :

- o Semana: Semana do ano.
- o Total_Sales: Total de vendas efectuadas durante a semana.
- o Novos clientes: Número de novos clientes.
- o Reclamações_de_clientes : Número de reclamações de clientes.

Exemplo de um prompt :

Leia o ficheiro 'weekly_performance.csv' e crie um relatório semanal que mostre o total de vendas, o número de novos clientes e as reclamações dos clientes. Utilize esta informação para criar um resumo com gráficos e análise de tendências para as últimas quatro semanas.
Resultado esperado: Um relatório automatizado com as seguintes informações:

- Tabela de desempenho semanal.
- Gráficos que mostram a evolução das vendas, dos novos clientes e das reclamações.
- Análise de tendências: Comparação do desempenho semanal com as quatro semanas anteriores.

O que é necessário fazer: Especificar os indicadores a analisar (vendas, reclamações de clientes) e o tipo de visualização necessário (gráfico, quadro).

O que não se deve fazer: A não especificação de indicadores-chave pode resultar num relatório incompleto ou inútil.

5.4 Processamento automatizado dos pedidos dos clientes

ESTUDO DE CASO: GESTÃO DE PEDIDOS DE DEVOLUÇÃO DE PRODUTOS

1. Objetivo: Automatizar o processo de tratamento dos pedidos de devolução.
2. Descarregue o ficheiro de exemplo: returns_requests.csv.
3. Descrição do ficheiro :

  - Request_ID: Identificador único do pedido de devolução.
  - Customer_ID: Identificador do cliente que efectuou o pedido.
  - Nome_do_produto: Nome do produto a devolver.
  - Motivo da devolução: Motivo da devolução (por exemplo, produto defeituoso, tamanho incorreto, não corresponde à descrição).

Exemplo de um prompt :
Ler o ficheiro "returns_requests.csv" e automatizar o tratamento de cada pedido de devolução. Para cada pedido, gerar uma resposta indicando o procedimento de devolução de acordo com

o motivo da devolução. Se o produto estiver defeituoso, incluir uma oferta de substituição gratuita.

Resultado esperado: Um conjunto de respostas geradas automaticamente para cada pedido de retorno, por exemplo :

- Produto com defeito: Olá, lamentamos o incómodo. Por favor, devolva-nos o produto defeituoso utilizando a etiqueta de devolução anexa. Enviar-lhe-emos um produto de substituição assim que o recebermos.
- Tamanho errado: Olá, aceitamos a sua devolução. É bem-vindo a escolher um novo tamanho utilizando o nosso formulário de devolução em linha. Devolver o produto atual com a etiqueta anexa. O que precisa de ser feito: Definir regras de processamento de acordo com os motivos da devolução.

O que não fazer: Aplicar a mesma resposta genérica a todos os pedidos, o que pode prejudicar a experiência do cliente.

5.5 Automatização Robótica de Processos (RPA) para PME

A automatização robótica de processos (RPA) é um software que automatiza tarefas repetitivas em processos empresariais, como a extração de dados, a introdução automática de dados ou a geração de relatórios.

ESTUDO DE CASO: AUTOMATIZAÇÃO DA ENTRADA DE DADOS

1. Objetivo: Automatizar a entrada de pedidos de clientes num sistema ERP.
2. Descarregar o ficheiro: customer_orders.csv.
3. Descrição do ficheiro :

- Order_ID: Identificador único da encomenda.
- Nome_do_cliente: Nome do cliente.
- Nome_do_produto: Nome do produto encomendado.
- Quantidade: Quantidade encomendada.
- Data da encomenda: Data da encomenda.

Exemplo de um prompt :

Ler o ficheiro "customer_orders.csv" e automatizar a introdução de cada encomenda no sistema ERP da empresa. Cada encomenda deve ser registada com a identificação do cliente, o nome do produto, a quantidade e a data da encomenda. Resultado esperado: Um processo automatizado que regista cada encomenda no sistema ERP numa questão de segundos.O que é preciso fazer: Assegurar que o formato do ficheiro corresponde aos requisitos de entrada do sistema ERP. O que não fazer: Não verificar o formato dos dados, o que pode levar a erros de integração no sistema ERP.

5.6 Conclusão: A automatização, um aliado essencial para as PME

A automatização de tarefas é uma oportunidade para as PME optimizarem os seus processos, reduzirem os erros humanos e libertarem o tempo dos funcionários. Ao aplicar os estudos de caso deste capítulo, poderá simplificar as suas operações e aumentar a eficiência global da sua empresa. Estes exemplos mostram-lhe como utilizar a IA e a RPA para transformar tarefas manuais em processos automatizados, garantindo uma maior produtividade. Sinta-se à vontade para experimentar com os seus próprios dados e adaptar os prompts para satisfazer as necessidades específicas da sua empresa.

CAPÍTULO 6

AGENTES INTELIGENTES E GESTÃO DE EQUIPAS VIRTUAIS

Objetivo do capítulo: Este capítulo centra-se na utilização de agentes inteligentes para automatizar a gestão de equipas virtuais e melhorar a eficiência operacional das PMEs. Vamos explorar como criar, personalizar e implementar agentes inteligentes em diferentes contextos: serviço ao cliente, gestão de projectos e colaboração em equipa. Cada secção inclui instruções detalhadas e código Python que os leitores podem seguir para simular e testar a funcionalidade dos agentes inteligentes.

6.1 O que é um Agente Inteligente?

Um agente inteligente é um programa de IA concebido para executar tarefas específicas de forma autónoma ou semi-autónoma. Ao contrário dos chatbots tradicionais, os agentes inteligentes podem aprender com as suas interações, adaptar-se às necessidades do utilizador e integrar-se em vários sistemas para realizar tarefas mais complexas.

EXEMPLOS DE AGENTES INTELIGENTES :

• Agente de serviço ao cliente: Responde às perguntas dos clientes, resolve problemas simples e encaminha pedidos mais complexos.
• Agente de gestão de projectos: acompanha o progresso das tarefas, envia lembretes automáticos e actualiza o estado do projeto.
• Coordenador de equipas: Facilita a comunicação entre os membros da equipa, planeia reuniões e gera relatórios automaticamente.

6.2 Criar um agente de serviço ao cliente

EXEMPLO PRÁTICO 1: CRIAÇÃO DE UM AGENTE DE SERVIÇO AO CLIENTE

Objetivo: Criar um agente capaz de responder às perguntas de rotina dos clientes sobre produtos, encomendas e devoluções.

Passo 1: Preparar o ficheiro de dados
• Descarregue o ficheiro FAQ_client.csv.

• O ficheiro contém duas colunas:

o Perguntas: Perguntas frequentemente colocadas pelos clientes (por exemplo, "Qual é o prazo de entrega?").

o Resposta: Resposta correspondente a cada pergunta.

Passo 2: Configurar o script Python para o agente Criar um script Python com o seguinte código para ler o ficheiro e configurar o agente de serviço ao cliente.

```
import pandas as pd

# Upload the CSV file containing the questions and answers
faq_file = 'FAQ_client.csv' # Replace with the path to your CSV file
faq_df = pd.read_csv(faq_file)

# Function for obtaining the answer based on the question asked
def get_response(question):
    # Search for the corresponding response in the CSV file for
    index, row in faq_df.iterrows():
        if row['Question'].lower() in question.lower():
            return row['Response']
    # If the question is not found, return a generic "I'm not sure I can
    answer this question, I'll just
forward your request to a human agent."

# Test the agent with a question
question_test = "What is the delivery time?"
print(f "Question : {question_test}") print(f
"Answer : {get_answer(question_test)}")
```

Passo 3: Testar o agente

• Execute o script e faça as várias perguntas contidas no ficheiro FAQ_client.csv.

• Modificar as perguntas para testar as respostas do agente.

Passo 4: Adicionar respostas personalizadas

• Edite o ficheiro FAQ_client.csv para adicionar novas perguntas e respostas.

• Voltar a testar o agente com as novas informações.

Resultado esperado: O agente deve responder automaticamente a perguntas comuns utilizando as informações fornecidas no ficheiro CSV. Dica: Experimente fazer perguntas que não estejam no ficheiro para verificar a capacidade do agente para escalar pedidos.

6.3 Criar um agente de gestão de projectos

EXEMPLO PRÁTICO 2: AUTOMATIZAR A COORDENAÇÃO DA EQUIPA

Objetivo: Criar um agente de gestão de projectos capaz de acompanhar o progresso das tarefas, enviar lembretes e gerar relatórios de progresso.

Etapa 1: Preparar a informação do projeto

- Crie um ficheiro Excel chamado project_tasks.csv com as seguintes colunas:
  - o Task_ID: Identificador único da tarefa.
  - o Task_Description (Descrição da tarefa): Descrição da tarefa.
  - o Assigned_To: Nome do empregado atribuído à tarefa.
  - o Data de vencimento: Data de vencimento.
  - o Estado: Estado atual da tarefa (Em curso, Concluída, Atrasada).

Passo 2: Configurar o script Python para o agente Criar um script Python com o seguinte código para ler o ficheiro, enviar lembretes por correio eletrónico e gerar um relatório.

```
import pandas as pd import smtplib
from email.mime.text import MIMEText
from email.mime.multipart import MIMEMultipart from datetime import datetime
# Configurar o envio de correio eletrónico
EMAIL_USER = "votre_email@gmail.com" # Substituir pelo seu e-mail
EMAIL_PASSWORD = "your_password" # Substituir pela sua palavra-passe
# Carregar o ficheiro CSV que contém as tarefas
tasks_file = 'project_tasks.csv' # Substituir pelo caminho para o seu ficheiro CSV tasks_df =
pd.read_csv(tasks_file)
# Filtrar tarefas atrasadas today = datetime.now().date()
tasks_df['Due_Date'] = pd.to_datetime(tasks_df['Due_Date']).dt.date late_tasks =
tasks_df[(tasks_df['Due_Date'] < today) & (tasks_df['Status'] != 'Completed')]
# Preparar e enviar mensagens de correio eletrónico para os responsáveis pelas tarefas em
atraso def send_email(to_email, subject, body):
msg = MIMEMultipart() msg['From'] = EMAIL_USER msg['To'] = to_email msg['Subject'] =
subject
```

msg.attach(MIMEText(body, 'plain'))

tentar:

com smtplib.SMTP('smtp.gmail.com', 587) as server: server.starttls() server.login(EMAIL_USER,EMAIL_PASSWORD)server.sendmail(EMAIL_USER, to_email, msg.as_string()) print(f "Email enviado para {to_email}")

```
    except Exception as e:
        print(f "Error sending email: {e}")

# Send reminders for each late task for index,
row in late_tasks.iterrows():
    recipient_email = f"{row['Assigned_To']}@exemple.com" # Make sure that
the email address matches the user
    task_description = row['Task_Description']
    due_date =
    row['Due_Date'].strftime('%d/%m/%Y')

    email_subject = "Late Task Reminder
    email_body = f "Hello, the task '{task_description}' was due on
{due_date} and has not yet been completed. Please complete it as soon as
possible."
```

Passo 3: Automatizar a execução diária

• Configure um cron job (em Unix) ou um serviço de nuvem (AWS Lambda, Google Cloud) para executar o script todos os dias às 9:00 da manhã.

• Utilize o seguinte código para agendar a execução diária:

```
# Open the crontab with the following command in the terminal
crontab -e

# Add this line to run the script every day at 9.00 a.m.
0 9 * * * /usr/bin/python3 /path/to/your_script.py
```

Passo 4: Testar o guião

• Modificar as datas das tarefas em project_tasks.csv para simular atrasos.

• Execute o script e verifique se as mensagens de correio eletrónico são enviadas corretamente.

Resultado esperado: O agente envia automaticamente lembretes para cada tarefa em atraso.

Sugestão: Adicione uma funcionalidade que gere um relatório semanal a partir deste script para monitorizar o progresso geral.

6.4 Automatizar a gestão de reuniões

EXEMPLO PRÁTICO 3: AUTOMATIZAÇÃO DE REUNIÕES

Objetivo: Criar um agente capaz de agendar reuniões, enviar convites e gerar actas.Passo 1: Preparar o ficheiro das reuniões

- Descarregue o ficheiro meeting_schedule.csv ou crie um ficheiro com as seguintes colunas:
  - o Meeting_ID: Identificador da reunião.
  - o Data: Data da reunião.
  - o Hora: Hora da reunião.
  - o Participantes : Lista de participantes.
  - o Ordem de trabalhos: pontos a debater durante a reunião.

Passo 2: Configurar o script Python para o agente Criar um script Python com o seguinte código para ler o ficheiro, enviar convites e gerar relatórios.

```
# Script similar to the previous example but adapted to manage meetings
# Use a similar format to plan meetings and send minutes.
```

Etapa 3: Automatizar a execução

- Utilize uma tarefa cron ou um serviço de automatização na nuvem para executar o script antes de cada reunião.

Conclusão: A prática leva à perfeição

Seguindo estes exemplos práticos, será capaz de criar, personalizar e testar agentes inteligentes para automatizar vários processos na sua PME. Sinta-se à vontade para experimentar estes guiões e adaptá-los às suas necessidades para maximizar a eficácia dos seus agentes inteligentes.

CAPÍTULO 7

LIBERTAR O POTENCIAL DA IA GENERATIVA PARA A INOVAÇÃO E O BRAINSTORMING

Objetivo do capítulo: Este capítulo explora a forma como a IA generativa (GAI) pode ser utilizada para estimular a inovação e enriquecer as sessões de brainstorming nas PME. Demonstraremos como o ChatGPT pode atuar como um catalisador criativo, desempenhar uma variedade de papéis em discussões simuladas e apresentar ideias equilibradas através da simulação de cenários complexos. Exemplos práticos e técnicas de engenharia rápida permitir-lhe-ão criar sessões virtuais de brainstorming e integrar a IA generativa nos seus processos de inovação.

7.1 Porquê utilizar a IA generativa em sessões de inovação?

A inovação é o motor do crescimento para empresas de todas as dimensões. No entanto, pode ser difícil pensar fora da caixa e gerar ideias verdadeiramente novas. É aí que entra a IA generativa. Capaz de processar informações complexas e produzir conteúdos originais, pode explorar novos conceitos, simular cenários criativos e oferecer novas perspectivas.

Benefícios da utilização da IA generativa para a inovação :

- Pensamento divergente: A IA gera uma variedade de ideias que ultrapassam os preconceitos cognitivos humanos.
- Brainstorming contínuo: Pode funcionar em modo de brainstorming 24 horas por dia, sem fadiga ou bloqueios criativos.
- Encenação de debates: A IA pode desempenhar diferentes papéis durante os debates simulados para oferecer uma variedade de pontos de vista.
- Simulação de cenários: Pode simular cenários empresariais, debates entre departamentos e jogos de representação de papéis.

7.2 Técnicas de engenharia de prompt para Brainstorming com ChatGPT

Para tirar o máximo partido da IA generativa no brainstorming, é essencial dominar a engenharia de prompts. Aqui estão algumas técnicas e exemplos para configurar o ChatGPT de forma eficaz durante as suas sessões de inovação.

EXEMPLO PRÁTICO 1: CRIAÇÃO DE JOGOS DE ROLE-PLAYING PARA SIMULAR CENÁRIOS DE INOVAÇÃO

Objetivo: Criar uma discussão simulada entre vários agentes (por exemplo, agente financeiro, agente de RH, agente de inovação) para avaliar uma ideia de projeto de diferentes ângulos.

Etapa 1: Configurar o prompt básico Crie um prompt que defina o contexto e as funções de cada agente.

```
**Prob:**
You're ChatGPT and you'll be playing the role of several agents within
the company. Here are the roles you'll play:

1. **Financial Officer**: Focuses on the profitability and financial
viability of projects.
2. **HR Officer**: Defends the impact of projects on employees and their
well-being.
3. **Innovation Officer**: Proposes new ideas and identifies growth
opportunities.

The context: The company wants to launch a new product. Each of you must
evaluate this proposal from your own point of view and take part in a
discussion to reach a balanced decision.

Start the discussion!
```

Etapa 2: Conduzir a sessão virtual de brainstorming

• Execute o prompt e deixe a IA gerar uma discussão simulada entre os agentes.

• Em cada ronda, os agentes têm de defender o seu ponto de vista e apresentar argumentos específicos.

Exemplo de resultado :
Diretor Financeiro: "Este novo produto é interessante, mas o seu custo de desenvolvimento é elevado. Devemos considerar a possibilidade de reduzir a funcionalidade ou aumentar o preço de venda para garantir um rápido retorno do investimento. "Diretor de RH: "Reduzir a funcionalidade poderia levar a uma sobrecarga de trabalho para a equipa de desenvolvimento e reduzir a sua motivação. É importante considerar o impacto nos recursos humanos. "Responsável pela inovação: "Poderíamos prever um lançamento faseado, começando com um produto mínimo viável. Isto permitir-nos-ia testar o mercado, minimizando os custos iniciais."

Etapa 3: Concluir o debate

- Peça ao ChatGPT para resumir a discussão e propor uma solução equilibrada que tenha em conta o ponto de vista de cada agente.

Exemplo de um prompt :

```
Summary of the discussion: Propose a solution that takes into account
financial viability, employee well-being and innovation. Propose an action
plan.
```

Resultado esperado: Uma solução que equilibra as prioridades dos vários agentes, pronta para ser discutida em maior pormenor numa reunião.

O que precisa de ser feito: Definir claramente os papéis e proporcionar um contexto claro para o debate.

O que não fazer: Permitir que a discussão prossiga sem estrutura ou direção, o que pode levar a uma confusão de papéis e a uma perda de coerência.

7.3 Utilizar a IA generativa para gerar ideias de produtos e serviços

A IA generativa pode ser utilizada para gerar ideias para produtos e serviços com base nas tendências do mercado e nas preferências dos consumidores.

EXEMPLO PRÁTICO 2: GERAR IDEIAS DE PRODUTOS COM BASE EM TENDÊNCIAS

Objetivo: Utilizar a IA para gerar ideias de produtos com base nas tendências actuais.

Etapa 1: Preparar o estímulo básico Criar um estímulo que defina o contexto e os critérios para gerar ideias.

```
**Prob:**
ChatGPT, I want to launch a new product in the consumer technology sector.
Here are the criteria to consider:

1. The product must be based on current technological trends (e.g. IoT,
artificial intelligence, mobility).
2. It must respond to growing consumer needs (e.g. reduced energy
consumption, connectivity, health).
3. Come up with five product ideas based on these criteria, with a brief
description of each product.

Get the ideas rolling!
```

Exemplo de resultado :

1. Sensor de IA para poupança de energia em casa: Um sensor inteligente que se integra com sistemas de aquecimento e ar condicionado para otimizar o consumo de energia de acordo com os hábitos dos ocupantes.
2. Relógio de monitorização da saúde ligado: Um relógio conectado que analisa os níveis de stress e sugere exercícios de relaxamento em tempo real.
3. Assistente pessoal móvel para automóveis: Um assistente pessoal para automóveis baseado em IA que prevê trajectos, identifica as estações de serviço mais próximas e oferece sugestões de manutenção.
4. Aplicação de bem-estar no escritório: Uma aplicação que monitoriza a postura e a produtividade no trabalho e sugere pausas activas para evitar um estilo de vida sedentário.
5. Plataforma de coaching de IA para o desenvolvimento pessoal: Uma plataforma de IA que oferece programas personalizados de desenvolvimento de competências e de coaching.

Etapa 2: Avaliar as ideias geradas

- Peça à IA para avaliar cada ideia de acordo com diferentes critérios (por exemplo, custo de desenvolvimento, potencial de mercado, viabilidade técnica).

Pedido de avaliação :

```
Evaluate each idea according to the following criteria:
1. Development cost (Low, Medium, High).
2. Market potential (Low, Medium, High).
3. Technical feasibility (Low, Medium, High).

Rank ideas according to their overall potential.
```

Resultado esperado: Uma avaliação pormenorizada de cada ideia de produto, com uma recomendação da que tem maior potencial. O que é necessário fazer: Incluir critérios de avaliação claros para ajudar a IA a classificar as ideias. O que não deve ser feito: Gerar ideias sem especificar critérios de sucesso, o que pode produzir resultados irrealistas.

7.4 Criar cenários hipotéticos para simular o impacto das inovações

Os cenários hipotéticos são utilizados para testar o impacto potencial de novas ideias ou inovações antes da sua implementação.

EXEMPLO DE PRÁTICA 3: SIMULAÇÃO DE CENÁRIOS PARA O LANÇAMENTO DE PRODUTOS

Objetivo: Utilizar a IA para simular o impacto de um novo produto no mercado.
Passo 1: Configurar o prompt

- Definir os pressupostos básicos (por exemplo, produto, preço, mercado-alvo).

```
**Prob:**
Simulate the impact of the launch of a new product (Mobile Personal
Assistant for Cars) on the European market. Take into account the following
elements:

1. Price: €150.
2. Target market: Drivers aged between 25 and 45 who use connected
technologies.
3. Competitors : GPS devices and navigation applications.
```

Exemplo de resultado :

• Estimativa de vendas mensais: 10 000 unidades no primeiro mês, com um crescimento de 5% por mês.

• Potenciais desafios: Concorrência de aplicações gratuitas, necessidade de educar o mercado sobre a forma de utilizar o produto.

Etapa 2: Analisar os resultados

• Ajustar os pressupostos para testar diferentes cenários (por exemplo, preço mais elevado, novo mercado-alvo).

O que é necessário fazer: Definir claramente os pressupostos e cenários a simular.
O que não fazer: Deixar o cenário sem pressupostos claros, o que pode levar a resultados irrelevantes.

7.5 Conclusão: IA generativa, um pilar da inovação

A IA generativa oferece um enorme potencial para estimular a inovação e gerar novas ideias numa variedade de contextos. Utilizando técnicas de engenharia rápida, as PME podem integrar a IA nos seus processos de inovação, testar cenários hipotéticos e enriquecer as suas sessões de brainstorming. Com a simulação de papéis, ideias de produtos geradas automaticamente e avaliações de impacto, a IA torna-se um verdadeiro parceiro estratégico para ajudar as empresas a ultrapassar os limites da inovação.

CAPÍTULO 8

EXECUTAR A APRENDIZAGEM AUTOMÁTICA COM O CHATGPT UTILIZANDO APENAS PROMPTS

Objetivo do capítulo: Este capítulo explica como utilizar o ChatGPT para realizar um projeto completo de aprendizagem automática, desde a análise de dados até à realização de previsões, utilizando apenas prompts. Não é necessário escrever uma única linha de código; tudo é feito através de interações simples com o ChatGPT. Iremos abordar três exemplos práticos baseados em conjuntos de dados disponíveis: regressão, classificação e agrupamento. No final deste capítulo, você será capaz de fazer aprendizado de máquina e usar modelos para fazer previsões ao vivo.

8.1 Introdução à aprendizagem automática com ChatGPT

A aprendizagem automática é um ramo da inteligência artificial que permite que os computadores aprendam com os dados e tomem decisões ou façam previsões sem serem explicitamente programados para cada tarefa. Esta capacidade é particularmente útil para resolver problemas complexos, como a previsão de vendas, a segmentação de clientes ou a identificação de padrões de comportamento em grandes conjuntos de dados.

DIFERENÇAS ENTRE A APRENDIZAGEM AUTOMÁTICA APRENDIZAGEM AUTOMÁTICA E A MATEMÁTICA TRADICIONAL

- Natureza dos dados: A aprendizagem automática funciona bem com dados complexos e não estruturados (como imagens ou texto), enquanto a matemática tradicional se concentra principalmente em dados estruturados.
- Resolução baseada em dados: Na aprendizagem automática, o modelo "aprende" com os dados e ajusta os seus parâmetros para minimizar os erros. Na matemática tradicional, a resolução é determinada por fórmulas fixas.
- Probabilidade vs. determinismo: As previsões de aprendizagem automática são frequentemente probabilísticas (por exemplo, "há 90% de hipóteses de este cliente comprar este produto"), ao passo que a matemática tradicional visa resultados determinísticos.

A aprendizagem automática baseia-se em algoritmos que podem analisar padrões ocultos nos dados e adaptar-se para fazer previsões mais exactas à medida que são expostos a novos dados.

8.2 As fases de um projeto de aprendizagem automática com o ChatGPT

Eis os principais passos para concluir com êxito um projeto de aprendizagem automática com o ChatGPT :

1. Preparação dos dados: Compreender a estrutura dos dados, analisar as distribuições e identificar as variáveis importantes.
2. Escolha do algoritmo: Testar vários algoritmos (regressão, classificação, clustering) para escolher o que oferece o melhor desempenho.
3. Avaliação do desempenho: Utilizar métricas como a precisão, a recuperação e a pontuação F1 para avaliar a qualidade do modelo.
4. Previsões em tempo real: Utilize o modelo selecionado para fazer previsões com base em novos vectores de dados.

8.3 Exemplo Prático 1: Previsão de Vendas Mensais (Regressão)

ANTECEDENTES

Pretendemos prever as vendas mensais de um produto em função das despesas de publicidade e do preço do produto. O objetivo é identificar como as variações destas duas variáveis afectam as vendas e encontrar um modelo capaz de prever as vendas futuras.

Ficheiro de dados: Descarregar o conjunto de dados das vendas mensais

PASSO 1: ANALISAR OS DADOS

Sugestão :

```
ChatGPT, here's a file of monthly sales data which includes the columns
"Month", "Advertising_Spend", "Product_Price", and "Sales". Can you
analyse this data and give me an overview of the descriptive statistics?
```

Expected answer :

• O ChatGPT fornece um resumo das estatísticas descritivas, mostrando as médias, os desvios padrão, os mínimos e os máximos de cada variável.

• Pode também visualizar a relação entre as despesas de publicidade e as vendas para mostrar o impacto de cada variável.

PASSO 2: ENCONTRAR O MELHOR MODELO DE REGRESSÃO

Sugestão :

Teste vários modelos de regressão (regressão linear, regressão de cumeeira, regressão de laço) e diga-me qual deles tem melhor desempenho utilizando o coeficiente de determinação (R^2) e o erro quadrático médio (MSE).

Resposta esperada :

- O ChatGPT testa cada modelo, fornece as pontuações R^2 e MSE para cada modelo e recomenda o modelo com o melhor desempenho.

ETAPA 3: UTILIZAR O MODELO PARA FAZER PREVISÕES

Sugestão :

```
Use the selected linear regression model to predict monthly sales if
advertising expenditure is €2,500 and the product price is €22. What would
be the predicted sales?
```

Resposta esperada :

- ChatGPT utiliza o modelo para prever as vendas e devolve um valor, por exemplo: As vendas previstas seriam de 780 unidades.

8.4 Exemplo prático 2: Segmentação de clientes (Classificação)

ANTECEDENTES

Pretendemos segmentar os clientes em vários grupos ("baixo rendimento", "rendimento médio", "rendimento elevado") com base na sua idade, rendimento anual e pontuação de despesas. O objetivo é compreender o comportamento dos clientes e otimizar as campanhas de marketing.

Ficheiro de dados: Descarregar o conjunto de dados de segmentação de clientes

PASSO 1: ANALISAR OS DADOS

Sugestão :

```
ChatGPT, here's a customer segmentation data file which includes the
columns "Age", "Annual_Income", "Spending_Score", and "Segment". Can you
analyse this data and give me an overview of the distributions for each
variable?
```

Resposta esperada :

• O ChatGPT fornece uma visão geral da distribuição de idades, rendimentos e valores de despesas. Também identifica a distribuição dos clientes em cada segmento.

ETAPA 2: ESCOLHA DO MELHOR ALGORITMO ALGORITMO DE CLASSIFICAÇÃO

Sugestão :

```
Test several classification models (K-Nearest Neighbors, Decision Tree, SVM)
and tell me which one performs best using accuracy and F1 score. Which one
should we use for customer segmentation?
```

Resposta esperada:

• O ChatGPT avalia cada modelo, devolve a precisão e as pontuações F1, e recomenda o modelo que melhor segmenta os clientes.

ETAPA 3: UTILIZAR O MODELO PARA FAZER PREVISÕES

Sugestão :

```
Use the selected model to predict the customer segment for a customer with
an age of 34, an annual income of €70,000 and an expenditure score of 65.
```

Resposta esperada:

• O ChatGPT utiliza o modelo para prever o segmento, por exemplo: O cliente pertence ao segmento "Rendimento médio".

8.5 Exemplo prático 3: Identificação de segmentos comportamentais (clustering)

ANTECEDENTES

Queremos identificar grupos de clientes com comportamentos de compra semelhantes. Vamos utilizar o clustering para agrupar os clientes por idade, rendimento anual e pontuação de gastos para compreender melhor os seus hábitos.

Ficheiro de dados: Descarregar o conjunto de dados de agrupamento

PASSO 1: ANALISAR OS DADOS

Sugestão :

```
ChatGPT, here's a shopping behaviour data file which includes the columns
"Age", "Annual_Income", and "Spending_Score". Can you give me an analysis of
the distribution of these variables?
```

Resposta esperada:

- O ChatGPT fornece uma visão geral da distribuição das variáveis e identifica possíveis padrões de comportamento.

PASSO 2: IDENTIFICAR SEGMENTOS COMPORTAMENTAIS

Sugestão :

```
Use clustering algorithms (K-Means, DBSCAN) to identify segments of
behaviour. Tell me how many clusters are identified and describe each
segment.
```

Resposta esperada :

- O ChatGPT efectua o agrupamento, identifica o número ideal de agrupamentos e fornece uma descrição de cada segmento.

ETAPA 3: UTILIZAR OS SEGMENTOS PARA COMPREENDER MELHOR OS CLIENTES

Sugestão :

```
Which segment does a 45-year-old customer with an annual income of €90,000
and an expenditure score of 75 belong to?
```

Resposta esperada :

- ChatGPT usa o modelo de clustering para atribuir o cliente a um segmento, por exemplo: O cliente pertence ao segmento "Compradores de alto rendimento".

Conclusão: Utilizar o ChatGPT para projectos de aprendizagem automática sem escrever código

O ChatGPT é uma ferramenta poderosa para realizar projectos de aprendizagem automática utilizando apenas prompts. Pode analisar dados, testar vários modelos, identificar o melhor algoritmo e fazer previsões sem qualquer conhecimento de programação. Graças aos conjuntos de dados fornecidos, pode pôr em prática estes conceitos e descobrir como utilizar a IA para melhorar os seus processos de decisão e estratégicos. Descarregue os conjuntos de dados e experimente os prompts fornecidos para criar o seu próprio projeto de aprendizagem automática interagindo diretamente com o ChatGPT.

CAPÍTULO 9

AUTOMATIZAR PREVISÕES E TAREFAS REPETITIVAS COM O CHATGPT

Objetivo do capítulo: Este capítulo explora a forma como o ChatGPT pode ser utilizado para automatizar as previsões com base em modelos de aprendizagem automática e realizar tarefas repetitivas nas PME. Mostraremos como a IA pode ser integrada nos fluxos de trabalho empresariais para gerar previsões diárias, automatizar a tomada de decisões e criar relatórios automáticos. Através de estudos de caso, verá como configurar processos automáticos utilizando apenas interações do ChatGPT, sem escrever qualquer código.

9.1 Automatização com ChatGPT: Vantagens e oportunidades

A automatização de tarefas e previsões repetitivas é uma grande oportunidade para as PME. Reduz a carga de trabalho dos funcionários, melhora a precisão das operações e liberta tempo para actividades de maior valor acrescentado. O ChatGPT, combinado com modelos de aprendizagem automática, pode automatizar processos como a criação de relatórios, a geração de previsões e até a tomada de decisões.

Vantagens da automatização com o ChatGPT :

1. Poupança de tempo: as tarefas repetitivas, como a criação de relatórios ou a análise de tendências, podem ser automatizadas, reduzindo o tempo gasto nessas actividades.
2. Maior precisão: Os modelos de aprendizagem automática oferecem previsões exactas e análises baseadas em dados.
3. Redução de erros: Os processos automatizados minimizam os erros humanos.
4. Rapidez de reação: A automatização permite que as decisões sejam tomadas mais rapidamente em resposta a eventos ou alterações no mercado.

9.2 Automatização das previsões de vendas : Um estudo de caso

ANTECEDENTES

Treinámos um modelo de regressão para prever as vendas mensais com base nos gastos com publicidade e no preço do produto. O modelo pode agora ser integrado num fluxo de trabalho automatizado para fazer previsões todos os meses e enviar relatórios automáticos por correio eletrónico.

PASSO 1: PREPARAR A AUTOMATIZAÇÃO DAS PREVISÕES

Sugestão :

```
ChatGPT, I'd like to automate monthly sales predictions using ad spend and
product pricing data. Can you set up a workflow that takes in new data each
month, makes the predictions, and sends an automatic report to my email?
```

Resposta esperada :

• O ChatGPT mostra-lhe como configurar um fluxo de trabalho de automatização. Isso pode incluir o uso de um serviço de armazenamento em nuvem para carregar os novos dados mensais, o ChatGPT para fazer as previsões e um serviço de e-mail automatizado (como o Zapier ou um script Python usando smtplib) para enviar o relatório.

PASSO 2: SIMULAR O FLUXO DE AUTOMATIZAÇÃO

Sugestão :

```
Let's assume that the new data for this month are: Advertising
expenditure = €3,000, Product price = €22. Use the regression
model to predict monthly sales and generate a summary report.
```

Resposta esperada :

• O ChatGPT utiliza os novos dados, aplica o modelo de regressão e gera um relatório que mostra o montante previsto das vendas, as variações em relação ao mês anterior e uma recomendação (por exemplo, para aumentar ou reduzir as despesas de publicidade).

PASSO 3: AUTOMATIZAR O ENVIO DE RELATÓRIOS

Sugestão :

```
Based on the monthly predictions, generate a report and send it automatically
to the email address marketing@example.com each month. Can you guide me
through this automation?
```

Resposta esperada :

• O ChatGPT oferece um guia passo-a-passo para integrar este fluxo com um serviço de correio eletrónico como o Gmail ou uma ferramenta RPA (Robotic Process Automation).

9.3 Previsão automatizada do comportamento do cliente CONTEXTO

Utilizando modelos de classificação ou de agrupamento, é possível identificar os segmentos de clientes com maior probabilidade de efetuar uma compra, abandonar o serviço ou responder positivamente a uma campanha de marketing. Uma vez treinado o modelo, a automatização pode ser utilizada para prever estes comportamentos numa base semanal ou mensal e gerar recomendações automáticas.

ETAPA 1: CONFIGURAÇÃO DA ANÁLISE COMPORTAMENTAL

Sugestão :

```
ChatGPT, I'd like to set up an automatic analysis of customer behaviour to
identify high-potential segments. Can you guide me through setting up a
weekly analysis that predicts which customer segments to target?
```

Resposta esperada :

• O ChatGPT oferece um fluxo de trabalho que utiliza o modelo de clustering para analisar o comportamento de cada segmento numa base semanal e gerar relatórios de segmentos prioritários.

ETAPA 2: SIMULAÇÃO DE PREVISÕES DE COMPORTAMENTO

Sugestão :

```
For this week, here is the customer data: Age = 34, Annual income = €75,000,
Spend score = 70. Use the clustering model to identify this customer's
segment and recommend a marketing action.
```

Resposta esperada :

• O ChatGPT identifica o segmento de clientes (por exemplo, compradores regulares) e propõe uma ação (por exemplo, enviar uma oferta especial para aumentar o cesto médio).

9.4 Criação automatizada de relatórios semanais

ANTECEDENTES

Em muitas empresas, os relatórios semanais (sobre vendas, desempenho da equipa ou comportamento dos clientes) são gerados manualmente. O ChatGPT pode automatizar esta tarefa, reunir os dados de diferentes fontes, gerar gráficos e tabelas e enviar automaticamente relatórios às partes interessadas.

PASSO 1: CONFIGURAÇÃO DE UM MODELO DE RELATÓRIO

Sugestão :

```
ChatGPT, I'd like to automate the creation of weekly sales performance
reports. Can you set up a report template that includes sales, weekly
variations and an analysis of performance by product?
```

Resposta esperada :

• O ChatGPT fornece um modelo de relatório com as seguintes secções:

o Resumo das vendas semanais.

o Análise dos produtos com melhor desempenho.

o Recomendações para a semana seguinte.

PASSO 2: GERAR UM RELATÓRIO AUTOMATICAMENTE

Sugestão :

```
Using this week's data (Sales = €7,000, Product A = €2,000, Product B =
€1,500, etc.), generate an automatic report with performance graphs and
recommendations for the following week.
```

Resposta esperada :

• O ChatGPT gera um relatório abrangente que inclui gráficos, tendências e recomendações baseadas no desempenho.

PASSO 3: AUTOMATIZAR O ENVIO DE RELATÓRIOS

Sugestão :

```
Configure this weekly report to be sent automatically to the sales team email
address (sales_team@example.com) every Monday morning.
```

Resposta esperada :

• O ChatGPT oferece um guia para integrar este processo com um serviço de correio eletrónico automatizado (por exemplo, utilizando o Zapier para ativar o envio todas as segundas-feiras de manhã).

9.5 Utilização do ChatGPT para a tomada de decisões automatizada

O ChatGPT também pode ser utilizado para automatizar a tomada de decisões com base em dados. Por exemplo, um modelo de aprendizagem automática pode prever quais os stocks a repor, quais os clientes a contactar ou quais as campanhas a lançar com base nos resultados obtidos.

Sugestão :

```
ChatGPT, I want to set up an automated decision-making workflow. Based on
sales predictions, automatically decide whether we need to increase or
reduce stock for each product. Can you give me a plan for this automation?
```

Resposta esperada :

- O ChatGPT oferece um fluxo de trabalho com as seguintes etapas:

1. Recolher as previsões de vendas.
2. Comparar com as acções actuais.
3. Tomar uma decisão (aumentar, reduzir ou manter as existências).
4. Gerar recomendações automáticas.

9.6 Conclusão: Automatização de tarefas repetitivas com o ChatGPT para aumentar a eficiência

Este capítulo mostrou como o ChatGPT pode ser utilizado para automatizar tarefas repetitivas, como as previsões mensais, a análise do comportamento dos clientes e a elaboração de relatórios. Ao integrar o ChatGPT em fluxos de trabalho automatizados, as PMEs podem aumentar a eficiência, reduzir os erros e melhorar a tomada de decisões. Utilize as sugestões fornecidas para criar os seus próprios fluxos de trabalho e desbloquear o potencial da IA na sua empresa.

CAPÍTULO 10

PLANEAMENTO E IMPLEMENTAÇÃO DE UMA ESTRATÉGIA DE INTEGRAÇÃO DA IA NAS PME

Objetivo do capítulo: Este capítulo fornece um guia prático e estruturado para as PME que pretendam integrar a inteligência artificial (IA) na sua atividade. Abordaremos as etapas essenciais para planear, preparar e implementar uma estratégia de integração da IA adaptada à dimensão, às necessidades e aos recursos disponíveis nas PME. Exemplos concretos ilustrarão cada passo, desde a definição de objectivos até à avaliação do impacto.

10.1 Porquê integrar a IA numa PME?

A integração da IA já não é apanágio das grandes empresas. Cada vez mais PME estão a adotar tecnologias de inteligência artificial para otimizar os seus processos, melhorar a satisfação dos clientes e destacar-se da concorrência. No entanto, a adoção da IA tem de ser cuidadosamente ponderada e estruturada para maximizar os benefícios e minimizar os riscos.

Benefícios da integração da IA numa PME :

1. Automatizar tarefas repetitivas: Reduza o tempo gasto em tarefas manuais, como a gestão de correio eletrónico, o processamento de encomendas ou a introdução de dados.
2. Melhoria da tomada de decisões: utilização de análises preditivas para antecipar as tendências do mercado, a procura dos clientes e os fluxos financeiros.
3. Otimização dos recursos: afetação mais eficiente dos recursos humanos e financeiros graças a recomendações baseadas em modelos de aprendizagem automática.
4. Experiência personalizada do cliente: utilizar a IA para analisar o comportamento do cliente e propor ofertas personalizadas.

Exemplo: Uma PME do sector retalhista utiliza a IA para prever a procura dos seus produtos, reduzindo assim os custos de armazenamento e aumentando a disponibilidade dos artigos mais populares.

10.2 Avaliar as necessidades e definir os objectivos da integração da IA

Antes de integrar a IA, é crucial identificar as necessidades específicas da empresa e definir objectivos claros e mensuráveis. Desta forma, será possível selecionar as tecnologias certas e elaborar um roteiro de implementação adaptado às capacidades da empresa.

PASSO 1: IDENTIFICAR OPORTUNIDADES DE INTEGRAÇÃO DA IA

Comece por avaliar os processos actuais e identificar os que podem beneficiar da IA. As áreas típicas em que a IA pode ser integrada incluem:

- Gestão das relações com os clientes (CRM): Automatização das respostas dos clientes, segmentação de clientes para campanhas de marketing direcionadas.
- Logística e cadeia de abastecimento: Previsão da procura, otimização de stocks.
- Finanças: análise dos fluxos de tesouraria, previsão das tendências financeiras.
- Recursos humanos: Análise das candidaturas a emprego, gestão da satisfação dos trabalhadores.

Sugestão de prompt para ChatGPT :

```
ChatGPT, help me identify the processes within my SME that could benefit
from AI integration. I'd like to know which areas have the most potential
for automation or advanced analytics.
```

Resposta esperada :

- O ChatGPT propõe uma lista dos processos mais pertinentes para integrar a IA, em função da natureza da atividade (por exemplo, tratamento automatizado de correio eletrónico para o serviço de apoio ao cliente, análise de dados de vendas para otimizar os stocks, etc.).

PASSO 2: DEFINIR OBJECTIVOS CLAROS E MENSURÁVEIS

Os objectivos devem estar alinhados com as prioridades estratégicas da empresa e incluir indicadores-chave de desempenho (KPI). Exemplos de objectivos:

- Reduzir os custos de mão de obra em 20% através da automatização das tarefas administrativas.
- Aumentar as vendas em 15% utilizando modelos preditivos para a definição de objectivos de marketing.
- Reduzir a taxa de churn (desgaste do cliente) em 10%, personalizando a experiência do cliente.

Sugestão de prompt para ChatGPT :

```
Can you help me define clear and measurable objectives for integrating AI
into my SME? I want to prioritise the automation of administrative tasks and
improve customer satisfaction.
```

Resposta esperada :

• O ChatGPT propõe objectivos específicos, tais como Automatizar 50% das tarefas de introdução de dados no prazo de 6 meses ou Aumentar a pontuação de satisfação do cliente em 10 pontos num ano.

10.3 Escolher as tecnologias e os modelos de IA corretos

A escolha das tecnologias e modelos de IA a utilizar depende dos objectivos definidos. É importante selecionar soluções que possam ser facilmente integradas nos sistemas existentes e que sejam escaláveis.

ESCOLHER ENTRE TECNOLOGIAS PRONTAS A UTILIZAR E DESENVOLVIMENTO PERSONALIZADO

1. Soluções prontas a utilizar (SaaS): Utilizar plataformas de IA existentes, como CRM inteligente, chatbots ou ferramentas de análise preditiva. Estas soluções são fáceis de integrar e não requerem competências técnicas avançadas.

o Exemplos: Zendesk para apoio automatizado ao cliente, HubSpot para automatização do marketing.

2. Desenvolvimento à medida: criar modelos personalizados com base nas necessidades específicas da empresa (por exemplo, redes neuronais para previsão da procura, modelos de agrupamento para segmentação de clientes).

o Exemplos: Modelos de aprendizagem automática com Scikit-Learn, TensorFlow ou PyTorch.

Sugestão de prompt para ChatGPT :

```
ChatGPT, should I use an out-of-the-box AI solution for my customer service
or develop a custom model? Here are the specifics of my business...
```

Resposta esperada :

• ChatGPT analisa os requisitos e recomenda a melhor solução com base na complexidade das tarefas e no orçamento disponível.

10.4 Elaborar um roteiro de implementação da IA

Um roteiro claro ajuda a estruturar o projeto e a definir as principais fases da integração da IA na empresa. Este roteiro deve incluir:

1. Análise do estado atual: Mapeamento dos processos existentes.
2. Definição de prioridades: Identificação dos processos que devem ser automatizados em primeiro lugar.
3. Seleção da tecnologia: Escolha de ferramentas e plataformas de IA.
4. Implementação faseada: Implementação gradual com projectos-piloto em processos isolados.
5. Avaliação e ajustamento: Avaliação contínua do desempenho e ajustamento da estratégia com base nos resultados.

Exemplo de um roteiro :

Etapa	Atividade	Duração	Diretor
1. Análise da situação atual	Mapear processos e identificar oportunidades	2 semanas	Gestor de projectos
2. Definição de prioridades	Dar prioridade aos processos a automatizar	1 semana	Equipa
3.Seleção de tecnologias	Avaliar as ferramentas disponíveis e escolher as soluções	3 semanas	Equipa de TI
4. Implantação do projeto-piloto	Implementar um projeto-piloto sobre um processo-chave	4 semanas	Equipa técnica
5. Avaliação	Medição do desempenho e ajustamento da estratégia	Contínuo	Equipa

10.5 Superar os desafios da integração da IA (continuação)

Para que a integração da IA seja bem sucedida, é crucial considerar os potenciais desafios que as PME podem enfrentar. Eis como ultrapassar os principais obstáculos:

RESISTÊNCIA À MUDANÇA ORGANIZACIONAL

Os trabalhadores podem sentir-se ameaçados pela introdução da IA, receando uma automatização excessiva ou a perda de emprego. Para ultrapassar esta resistência, é importante :

- Comunicar claramente os objectivos: Explicar como a IA pode ajudá-los no seu trabalho e não substituí-los.
- Envolver as equipas desde o início: Os funcionários precisam de ser envolvidos nas

discussões e compreender os benefícios para si próprios e para a empresa.
• Formar o pessoal: Organizar sessões de formação para melhorar a sua compreensão da IA e desenvolver as suas competências em tecnologias digitais.

Sugestão de prompt para ChatGPT :

```
ChatGPT, what strategies should I use to overcome employee resistance to the
integration of AI into my business? How can I reassure them about their
future role?
```

Resposta esperada :

• O ChatGPT oferece estratégias de comunicação e formação, bem como acções concretas para envolver os funcionários, como a criação de workshops colaborativos e sessões de feedback.

FALTA DE DADOS

A IA é tão boa quanto os dados com que é treinada. Dados insuficientes ou de má qualidade podem afetar negativamente o desempenho do modelo.

Soluções:

1. Recolha mais dados: Utilize formulários, inquéritos ou dispositivos IoT para enriquecer os dados internos.
2. Aumentar a qualidade dos dados: Limpar os dados para eliminar os valores anómalos, os duplicados e os erros.
3. Utilizar dados externos: Integrar APIs de terceiros para aceder a dados demográficos ou de mercado.

Sugestão de prompt para ChatGPT :

```
ChatGPT, how can I collect more relevant data to train my machine learning
models? What types of data should I prioritise?
```

Resposta esperada:

• O ChatGPT identifica potenciais fontes de dados (por exemplo, dados de clientes, tendências de mercado) e sugere métodos de recolha adequados, como a integração de APIs externas ou a colaboração com parceiros.

COMPLEXIDADE TÉCNICA E FALTA DE COMPETÊNCIAS

As PME podem deparar-se com dificuldades técnicas devido à complexidade dos modelos de IA e à falta de pessoal qualificado.

Soluções:

1. Formar o pessoal interno: Organizar formação em aprendizagem automática e desenvolvimento de IA.
2. Colaborar com parceiros externos: trabalhar com consultores de IA ou empresas tecnológicas em fase de arranque.
3. Utilizar plataformas de IA simplificadas: Escolha plataformas com interfaces de fácil utilização (por exemplo, AutoML) que exijam poucas competências de codificação.

Sugestão de prompt para ChatGPT :

```
ChatGPT, my team doesn't have advanced AI skills. What tools or platforms
should we use to facilitate the integration of AI without technical
expertise?
```

Resposta esperada:

• O ChatGPT recomenda ferramentas como o Google AutoML, o DataRobot e o H2O.ai, que simplificam o desenvolvimento e a integração de modelos de aprendizagem automática.

10.6 Avaliar e ajustar a estratégia de integração da IA

Uma vez implementada a IA, é essencial monitorizar o seu impacto no desempenho da empresa e efetuar ajustamentos com base nos resultados obtidos.

MEDIR O IMPACTO DA IA

Para avaliar a eficácia da estratégia de integração da IA, é aconselhável monitorizar vários indicadores-chave de desempenho (KPI):

1. Eficiência operacional :
   - o Redução dos tempos de processamento.
   - o Custos de produção mais baixos.
   - o Número de tarefas automatizadas.
2. Satisfação dos clientes e dos trabalhadores:
   - o Melhoria dos índices de satisfação dos clientes (NPS, taxa de retenção).
   - o Reacções positivas dos trabalhadores sobre a IA.

3. Retorno do investimento (ROI) :

o Medir as economias realizadas (por exemplo, redução dos custos associados a erros ou atrasos).

o Ganhos obtidos através do aumento das vendas ou da otimização dos recursos.

AJUSTAR A ESTRATÉGIA EM FUNÇÃO DOS RESULTADOS

Uma vez recolhidos e analisados os resultados, é importante ajustar a estratégia em função do desempenho:

- Se os resultados forem positivos: Alargar a utilização da IA a outros processos empresariais.
- Se os resultados forem díspares: identificar as fontes do mau desempenho (por exemplo, falta de dados, modelo mal adaptado) e ajustar o projeto.
- Se os resultados forem negativos: Rever os objectivos iniciais e reavaliar a adequação da IA ao processo em questão.

Sugestão de prompt para ChatGPT :

```
ChatGPT, how should I evaluate the performance of the AI implemented in my
company? What are the most relevant indicators to monitor?
```

Resposta esperada :

- O ChatGPT recomenda a monitorização dos KPIs específicos do objetivo da IA (por exemplo, eficácia, custo, satisfação) e sugere métodos para ajustar a estratégia em caso de resultados inesperados.

10.7 Alargar a utilização da IA a outros processos empresariais

Quando a IA estiver bem estabelecida nos processos-chave da empresa, a sua utilização pode ser alargada a outros departamentos:

1. Marketing: Utilizar a IA para analisar o comportamento dos clientes, automatizar campanhas publicitárias e personalizar ofertas.
2. Vendas: Integrar ferramentas de recomendação baseadas em IA para oferecer produtos complementares.
3. Recursos humanos: Automatize a seleção de candidaturas, avalie o sentimento dos empregados e preveja as necessidades de formação.

Exemplo: Uma PME que automatizou o seu serviço de apoio ao cliente com um chatbot baseado em IA decide alargar esta tecnologia à análise do feedback dos clientes para identificar áreas de melhoria do produto.

Sugestão de prompt para ChatGPT :

ChatGPT, agora que a IA está bem integrada na nossa gestão de stocks, que outros departamentos poderiam beneficiar desta tecnologia? Pode dar-me alguns exemplos?

Resposta esperada :

- A ChatGPT identifica outras áreas de aplicação da IA, como a contabilidade (previsão do fluxo de caixa), o marketing (segmentação avançada de clientes) e as vendas (recomendações de produtos com base em dados de compras).

Estudo de caso: Desenvolver uma estratégia abrangente de integração da IA

ANTECEDENTES

Uma PME do sector da distribuição pretende utilizar a IA para otimizar as suas operações, melhorar a experiência do cliente e prever as tendências de vendas. Eis as principais etapas para implementar uma estratégia abrangente de integração da IA.

ETAPA 1: MAPEAR PROCESSOS E IDENTIFICAR OPORTUNIDADES

Definir os principais processos, identificar as ineficiências e estabelecer prioridades.

Sugestão de sugestão:

```
ChatGPT, can you help me map my SME's key processes and identify those
that are priorities for AI? I want to target the processes that consume
the most resources.
```

ETAPA 2: DEFINIÇÃO DE OBJECTIVOS E SELECÇÃO DE TECNOLOGIAS

Escolha os objectivos de integração da IA (por exemplo, reduzir o custo da gestão de stocks em 15%) e selecione as ferramentas adequadas (por exemplo, modelos preditivos para stocks).

Sugestão de sugestão:

```
What objectives should I set to optimise my stock management with AI? Can
you also recommend suitable technologies?
```

FASE 3: IMPLANTAÇÃO PROGRESSIVA DA IA

Comece por projectos-piloto em processos isolados, avalie o desempenho e proceda a ajustamentos antes de os implementar em grande escala.

Sugestão de sugestão:

```
What plan should I follow to deploy AI gradually? What success criteria
should I follow at each stage?
```

ETAPA 4: MEDIÇÃO DO IMPACTO E AVALIAÇÃO DOS RESULTADOS

Monitorizar os KPIs definidos e ajustar a estratégia de acordo com os resultados obtidos.

Sugestão de sugestão:

```
How should I assess the impact of AI on my company's performance?
? What KPIs should I be keeping a close eye on?
```

Conclusão: Desenvolver uma estratégia de integração de IA bem-sucedida

A integração da IA numa PME requer um planeamento cuidadoso, a seleção das tecnologias certas e uma implementação gradual. Seguindo os passos descritos neste capítulo, poderá criar uma estratégia de IA alinhada com os seus objectivos empresariais, garantir uma adoção bem sucedida e medir o seu impacto para ajustar a sua abordagem.

REFERÊNCIAS

4. Ng, A. (2021). O manual de transformação da IA: Como a IA muda o cenário de negócios. McKinsey & Company.

5. Russell, S., & Norvig, P. (2020). Inteligência Artificial: Uma Abordagem Moderna. Prentice Hall.

6. Goodfellow, I., Bengio, Y., & Courville, A. (2016). Aprendizagem profunda. MIT Press.

7. Bughin, J., Hazan, E., & Ramaswamy, S. (2017). "Inteligência Artificial: The Next Digital Frontier?". McKinsey Global Institute.

8. Kumar, A., & Mehta, S. (2019). IA no atendimento ao cliente: Chatbots and Beyond. Springer.

9. Davenport, T. H., & Ronanki, R. (2018). "Inteligência Artificial para o Mundo Real". Harvard Business Review, 96(1).

10. Kim, J., & Hwang, C. (2020). E-commerce alimentado por IA: como a IA transforma a experiência de compra digital. Wiley.

11. Brown, T. B., et al. (2020). "Modelos de linguagem são aprendizes de poucos tiros". Avanços em sistemas de processamento de informações neurais.

12. Vaswani, A., et al. (2017). "Atenção é tudo o que você precisa". Avanços nos sistemas de processamento de informações neurais.

13. OpenAI (2020). Documento técnico GPT-3. OpenAI.

14. McCarthy, J., et al. (2018). O Manual de Design de IA. O'Reilly Media.

15. Dean, J. (2019). "Construindo e dimensionando IA para a empresa". Blogue do Google Cloud.

16. Documentação do Scikit-Learn - Regressão linear. Disponível em: https://scikit-learn.org/stable/modules/generated/sklearn.linear_model.LinearRegression.html.

17. Documentação do Scikit-Learn - K-Nearest Neighbors. Disponível em: https://scikit-learn.org/stable/modules/neighbors.html.

18. Documentação do Scikit-Learn - Suporte de máquina de vetor. Disponível em: https://scikit-learn.org/stable/modules/svm.html.

19. Documentação do Scikit-Learn - Árvores de decisão. Disponível em: https://scikit-learn.org/stable/modules/tree.html.

20. Documentação do Scikit-Learn - Random Forest. Disponível em: https://scikit-learn.org/stable/modules/ensemble.html.

21. Documentação do Scikit-Learn - Regressão logística. Disponível em: https://scikit-

learn.org/stable/modules/generated/sklearn.linear_model.LogisticRegression.html.
22. Documentação do TensorFlow - Introdução ao aprendizado de máquina com o TensorFlow. Disponível em: https://www.tensorflow.org/tutorials.
23. "An Introduction to Clustering with K-Means" por A. Ng, Coursera. Disponível em: https://www.coursera.org/learn/machine-learning.
24. "Machine Learning Yearning" por Andrew Ng. Disponível em: https://www.deeplearning.ai/machine-learning-yearning/.
25. "Python Data Science Handbook" por Jake VanderPlas. Disponível em: https://jakevdp.github.io/PythonDataScienceHandbook/.
26. Blogue do Google AI - "Understanding Machine Learning" (Compreender a aprendizagem automática). Disponível em: https://ai.googleblog.com/.
27. "Aprendizado de máquina prático com Scikit-Learn, Keras e TensorFlow" por Aurélien Géron. O'Reilly Media, 2019.
28. "Pattern Recognition and Machine Learning" por Christopher Bishop. Springer, 2006.

ÍNDICE DE CONTEÚDOS

INTRODUÇÃO 2

CAPÍTULO 1 5

CAPÍTULO 2 8

CAPÍTULO 3 13

CAPÍTULO 4 19

CAPÍTULO 5 24

CAPÍTULO 6 29

CAPÍTULO 7 34

CAPÍTULO 8 39

CAPÍTULO 9 45

CAPÍTULO 10 50

REFERÊNCIAS 59

MIX
Papier aus verantwortungsvollen Quellen
Paper from responsible sources
FSC® C105338

Printed by Books on Demand GmbH, Norderstedt / Germany